AF325128

PÉTITION

POUR le sieur Olivier GLAIS DE BIZOIN, ci-devant Adjudicataire général des étapes & fourrages de l'ancienne Province de Bretagne, pour les deux années qui ont commencé au 1.er. Octobre 1783, & ont fini au 30 Septembre 1785.

TOUT le monde a connu la stérilité qu'occasionna dans les fourrages la rigueur de l'hiver de 1783 à 1784 : elle se communiqua à la récolte de 1785. Les pertes furent énormes pour tous les fournisseurs : le gouvernement vint à leur secours. Il accorda à chaque adjudicataire des indemnités proportionnées à l'étendue de son entreprise. Les fermiers des messageries obtinrent les dédommagemens les plus considérables. Un arrêt du conseil du 19 Septembre 1785, renouvellé depuis, accorda aux maîtres de postes une augmentation de 5 sous par cheval : toutes ces indemnités, qui étoient autant de

A

Juſtice que d'humanité, devenoient néceſſaires dans les circonſtances , & tenoient même au ſervice public. Il n'y eut pas un adjudicataire de fourniture de fourrages ſous l'autorité mé-diate du gouvernement , qui n'éprouvât des adouciſſemens modifiés ſur la nature & l'étendue de ſon ſervice.

Le ſieur Bizoin , trop attaché à la lettre de ſes engagemens pour ſuſpendre ſon ſervice, juſqu'à ce qu'on lui eût compté le montant des indemnités qu'il avoit droit d'exiger, ſe con-tenta de ſimples promeſſes ; il continua ſes avances & s'épuiſa en débourſés dont il ſollicite depuis 7 ans, vainement, la rentrée. Les pertes effectives qu'il a faites pendant les deux ans ſur ſes fournitures, ſe montent à 121025 liv. de principal, qu'il lui en a coûté en excédent du prix des achats ſur celui de l'adjudication.

Il avoit pour garant de ſon indemnité le gouvernement d'une part , & les états de la province de Bretagne de l'autre : c'eſt cette double garantie qui juſqu'à ce jour a reculé ſes rentrées. Les deux adminiſtrations étoient d'accord ſur la quotité des pertes ; elles l'étoient également ſur la néceſſité de l'indemnité : mais

ꝫ) ι   ve rnement ſoutenoit que c'étoit aux états

(5)

à dédommager ses adjudicataires. Les états, au contraire, prétendoient qu'ils n'étoient tenus que du prix inféré dans le bail, & que toute indemnité étrangere regardoit le gouvernement.

Ce conflit de prétentions respectives a fait, pendant six ans, la matiere de difficultés discutées respectivement par voie d'administration, & dont le résultat a été de laisser, jusques à présent, l'adjudicataire en souffrance.

La nation réunit aujourd'hui les droits & les engagemens des deux administrations. Substituée au gouvernement, substituée, aux états, les indemnités dues soit par l'un soit par les autres, tombent nécessairement à sa charge ; & il n'est plus question de savoir par qui l'indemnité est due, puisque les droits & les engagemens respectifs sont confondus ; mais seulement de savoir si elle est due : or c'est ce qu'il est facile d'établir.

Un premier point est constant dans le fait : c'est que le sieur Bézoin s'est rendu adjudicataire de la fourniture des fourrages le 18 Juillet 1783, & que les revers qui ont occasionné la disette absolue de la denrée, n'ont commencé qu'au mois de Décembre de la même année : dès-lors il n'étoit pas possible, à l'époque de l'adjudi-

cation, de fe mettre en garde contre des évé-
nemens ultérieurs dont les influences ont été fi
funeftes à tout le royaume : d'autant mieux qu'il
n'en étoit pas de la Bretagne comme des autres
provinces : en effet elle n'avoit aucune ville par-
ticuliérement deftinée au cafernement ; c'étoit
au moment même de l'envoi des régimens,
que le miniftre déterminoit le lieu de leur ré-
fidence : ce qui mettoit les adjudicataires dans
l'impoffibilité de faire aucun approvifionnement ;
les achats ne pouvoient être faits qu'au moment :
dès-lors les fournitures fe trouvoient fubor-
données aux variations que les circonftances
pouvoient apporter dans le prix de la denrée.

Il n'y avoit point de cavalerie en garnifon en
Bretagne à la fin de 1783 ; ce ne fut que le
30 Mai 1784 que le miniftre y envoya les
chaffeurs des Pyrénées, & les chaffeurs des Alpes.
Le fieur de Bizoin n'en fut prévenu que le
25 Avril précédent, par l'ordre qu'il reçut de
pourvoir à la fubfiftance des chevaux de l'un &
l'autre régiment. Le premier fut caferné dans
les villes de Pontivi, Joffelin & Guimené ; le
fecond à Anceny, Houdon & Vazade.

Déjà il n'étoit plus tems de fonger à un approvifionnement dans des prix analogues à celui

de l'adjudication ; la plus grande partie des fourrages de la province étoit confommée : le peu
qui en reftoit étoit d'une cherté exceffive. Les
propriétaires, inftruits de l'arrivée des troupes,
fe firent un titre du befoin pour en hauffer encore
les prix.

Il excédoit déjà, comme on l'a dit, la quotité
de l'adjudication. Le fieur de Bizoin ne fut
point arrêté par cette difficulté ; & convaihcu
qu'il h(a)ufferoit encore, il s'empreffa de s'ap-
provifionner dans les différens cafernemens qu'il
ne foupçonnoit pas pouvoir varier. Cette pré-
caution, que la prudence lui avoit dictée, fe
tourna contre lui. L'efcadron placé à Joffelin
fut transféré à Ploërmel ; celui de Pontivi fut
envoyé le 29 Octobre 1784, ainfi que l'état
major, à Guinguamp, éloigné de Pontivi de
douze lieues. Il fallut y faire voiturer les fourrages par des chemins impraticables. Ce tranf-
port ne put fe faire qu'avec de très-gros frais ;
de maniere que les foins rendus dans les ma-
gafins de Guingamp, revinrent à l'adjudicataire
jufqu'à 80 liv. le millier. Le prix baiffa par la
fuite ; mais les meilleurs marchés qu'il put ob-
tenir, lui laifferent toujours la ration à 23 f. 2 d. ;
& il étoit tenu de la fournir à 18 fous 2 den.,

ce qui faifoit pour lui une perte de 5 fous par
ration. Cet excédent, calculé fur les quittances
des marchands, a par lui feul donné un ré-
fultat de 44997 liv. 14 fous de perte.

La perte fur la fourniture faite à ce même
régiment, depuis le 1er. Janvier 1785 jufqu'au
1er. Mai qu'il fortit de la province, fe monte à
29162 liv. 14 f.

Le régiment des chaffeurs des Alpes auroit
éprouvé les mêmes changemens, fi l'adjudicataire, pour prévenir fon déplacement, n'eût
pris fur fon compte la fourniture des lits qui y
fervoit de prétexte. Néanmoins, malgré ce fa-
crifice, la perte qu'il éprouva d'ailleurs fur la
fourniture des fourrages, fe monta à 44864 l.
17 fous.

Dès le mois de Novembre 1784, le fieur de
Bezoin s'étoit pourvu à l'affemblée des états de
la province, à l'effet de fe faire adjuger tant
pour le paffé que pour l'avenir, une indemnité
qui le mît en état de continuer fa fourniture.
Il joignit à fa requête les pieces juftificatives de
fes achats : les faits étoient publiquement connus.
Tout le monde fut d'accord fur la juftice de fa
réclamation ; mais une décifion du 4 Janvier
1785, *le renvoie à fe pourvoir au gouvernement.*

Elle arrêta en même-tems que les députés de la province, en cour, feroient chargés d'employer leurs bons offices pour que le Roi voulût bien lui accorder un dédommagement proportionné aux pertes qu'il avoit essuyées par la cherté excessive des foins & des avoines, causée par la rigueur des hivers de 1783 & 1784.

Ce fut sur la foi de cette décision qui constatoit le droit de l'adjudicataire à une indemnité, & qui devenoit un titre inattaquable contre les états mêmes, que le sieur de Bizoin se détermina à continuer sa fourniture qui devint d'autant plus onéreuse pour lui, que la sécheresse de 1785 ne fit qu'ajouter à la disette qu'avoit occasionnée l'hiver de 1784.

Les chasseurs des Alpes quittrerent la Bretagne au mois d'Août 1785. Ce fut alors que le sieur de Bizoin, profitant du renvoi prononcé par la décision du 4 Janvier, dressa un état de ses pertes. Les députés de la province se chargerent eux-mêmes de remettre son mémoire à M. le contrôleur général, qui après avoir fait examiner scrupuleusement chaque article particulier, écrivit à la députation le 20 Mars 1786.

« Qu'il n'étoit point étonnant qu'au prix où les fourrages avoient monté, dans une disette

» aussi générale que celle que la Bretágne avoit
» éprouvée, l'entreprise du sieur Glaiz de Bi-
» zoin lui eût été onéreuse ; mais que la
» fourniture étant à la charge de la province
» jusqu'à concurrence de 550000 livrés, ce qui
» donnoit pour les deux ans du bail du sieur Bi-
» zoin 1,100,000 liv., c'étoit à elle à indem-
» nifer les fournisseurs, à moins qu'elle ne
» justifiât que les sommes que le gouvernement
» lui fournissoient étoient absolument épuisées:
» auquel cas seulement les fournisseurs demeu-
» reroient autorisés à s'adresser à S. M. ».

Cette lettre jugeoit, dans le point de droit,
la nécessité d'une indemnité ; elle ne laissoit
subsister de difficulté que sur la question de
savoir, dans le fait, par qui l'indemnité devoit
être payée.

Cette question, qui a servi de prétexte aux
longueurs que le suppliant éprouve, devient aujourd'hui étrangere, au moyen de ce que la
nation, en se chargeant des dettes des pays
d'Etat, a réuni les deux obligations dont l'alter-
native faisoit, seule, obstacle au paiement d'une
juste indemnité.

Quand les Etats n'auroient pas rendu hom-
mage à la justice de cette indemnité par les

(9)

démarches qu'ils ont faites auprès du gouvernement pour la faire accorder, quand M. le
contrôleur général n'auroit pas confacré le prin-
cipe par fa réponfe du 20 Mars 1786, le fieur de
Bizoin ne s'en préfenteroit pas avec moins de
confiance à l'affemblée. Les principes de juftice
qu'elle a adoptés ne permettent pas en effet de
douter qu'elle ne voye favorablement les récla-
mations d'un fourniffeur qui, victime de fa
bonne foi autant que des circonftances, a fa-
crifié fa fortune fur les promeffes pofitives qui
lui avoient été données d'une indemnité, non-
feulement pour les pertes qu'il avoit déjà éprouvées, mais encore pour les avances ultérieures
qu'il étoit dans le cas de faire.

Le fieur de Bizoin, déjà en perte de fommes
confidérables, lorfqu'il préfenta aux Etats, au
mois de Novembre 1784, fa requête en indemnité, pouvoit dès-lors fans doute, voyant fa
ruine écrite dans les fournitures ultérieures qu'il
étoit dans le cas de faire, fufpendre un fervice
qui paffoit fes forces ; il n'y avoit point d'autorité qui pût forcer fa marche à cet égard. L'impoffibilité où il étoit de fournir dans le prix fixé
par fon adjudication, devenoit fon excufe &
formoit fa décharge.

La délibération du 4 Janvier 1785, l'intention prononcée du gouvernement & déjà réalifée relativement aux M^{es} de poftes, & aux meffageries, d'accorder aux fourniffeurs de juftes indemnités, détermina feule de nouvelles avances, que jamais le fieur Bizoin n'eût été dans le cas de faire fans cette perfpective. C'eft donc moins une indemnité qu'il demande aujourd'hui, que l'exécution d'un engagement que le gouvernement & les états ont pris vis-à-vis de lui, à l'envi l'un de l'autre. Ce n'eft point en quelque façon comme adjudicataire qu'il a fait les fournitures, ultérieurement à la requête qu'il avoit préfentée aux Etats, au mois de Novembre 1784; mais à la décharge même foit des Etats, foit du gouvernement : c'eft le rembourfement de fes avances qu'il demande aujourd'hui. L'affemblée eft trop équitable pour le lui refufer.

Il ne rapporte que des copies, des lettres écrites par la députation des Etats au miniftre & par le miniftre à la députation; mais ces copies deviennent des titres authentiques dans fes mains. Il eft fenfible qu'il ne peut pas être dépofitaire des originaux : la nation, qui eft faifie aujourd'hui de tous les papiers des

Etats & du gouvernement, l'eſt également des originaux des lettres dont il s'agit. On ne peut donc pas exciper contre le ſieur de Bizoin du défaut de repréſentation de pieces originales que non-ſeulement il ne peut pas avoir en ſa diſpoſition, mais qui ſont néceſſairement dans les mains de l'autorité dont il invoque la juſtice.

Pour juſtifier de la légitimité de ſa réclamation, il joint à ſon mémoire les pieces ſuivantes:

La premiere du 29 Juillet 1783, eſt le bail paſſé au ſieur Bizoin pour la fourniture, pendant deux années, des fourrages à la cavalerie qui ſeroit envoyée en garniſon dans la province de Bretagne.

La deuxieme du mois de Novembre 1784, eſt la requête en indemnité préſentée par le ſieur de Bizoin aux états de Bretagne.

La troiſieme eſt copie ſur la même feuille, 1°. de la lettre écrite par MM. les députés à M. le contrôleur général le 21 Janvier 1786, pour établir la légitimité de la réclamation du ſieur de Bizoin ; 2°. de la réponſe de M. le contrôleur général du 20 Mars ſuivant ; 3°. de la réplique des députés du 22 du même mois.

La quatrieme eſt un état des fournitures faites par le ſieur de Bizoin pendant la durée de ſon bail, & de la perte qui en eſt réſultée pour lui en débourſés effectifs, par comparaiſon du prix des achats avec celui de l'adjudication ; d'où il réſulte que la perte effective en principal, eſt de 121,025 liv.

Dans cette poſition, il demande qu'il plaiſe à l'aſſemblée décréter que ſoit à titre d'indemnité, ſoit à titre de rembourſement des pertes qu'il a éprouvées ſur la fourniture des fourrages par lui faite aux régimens de cavalerie en la province de Bretagne, pendant les années 1784 & 1785, en conſéquence de l'adjudication qui lui avoit été faite le 29 Juillet 1783, il lui ſera payé par la caiſſe de l'extraordinaire une ſomme de 121,025 liv. avec les intérêts, à compter du 26 Novembre 1784, époque de la demande qu'il en a formée aux Etats.

De l'Impr. de TESTU, Succeſſeur de la Veuve d'Houry, rue Hautefeuille, N°. 14.